MUSÉE

DE

L'HÔPITAL SAINT-LOUIS

Paris.-Imp. PAUL DUPONT, 41 rue Jean-Jacques-Rousseau. (Cl.) 1263, 9-6.

MUSÉE

DE

L'HÔPITAL SAINT-LOUIS

PAR

M. ALPHONSE DEVERGIE

MEMBRE ET ANCIEN PRÉSIDENT DE L'ACADÉMIE DE MÉDECINE
MÉDECIN HONORAIRE DE L'HOPITAL SAINT-LOUIS

———

PARIS

G. MASSON, ÉDITEUR

LIBRAIRE DE L'ACADÉMIE DE MÉDECINE

BOULEVARD SAINT-GERMAIN, EN FACE L'ÉCOLE DE MÉDECINE

—

M DCCC LXXVII

MUSÉE

DE

L'HÔPITAL SAINT-LOUIS

Médecin de l'hôpital Saint-Louis de 1840 à 1865, je dus quitter l'hôpital à la fin de cette dernière année, alors que j'étais arrivé à la limite d'âge fixée par l'administration pour l'exercice des médecins dans les hôpitaux.

Dans les premiers mois de l'année 1866, j'offris à l'administration, dont M. Husson était alors directeur, de faire don à l'hôpital Saint-Louis d'une collection d'aquarelles que j'avais fait faire et qui représentait les formes primitives et les principales formes secondaires des maladies de la peau. Ces aquarelles, de grandeur naturelle, étaient au nombre de 54. J'y joignis trente et quelques planches du grand ouvrage de M. Hébra. Ce dermatologiste éminent avait bien voulu me faire comprendre, par son gouvernement, au nombre des personnes auxquelles un exemplaire devait être envoyé gratuitement. Je fis mettre sous verre mes dessins et ces planches.

Je posais dans ma lettre pour conditions : qu'un local spécial serait affecté à cette exposition et que des vitrines seraient faites pour contenir les dessins.

J'ai cherché à obtenir copie de ma lettre au directeur de l'administration des hôpitaux, mais l'original a été brûlé en 1871, avec tous les dossiers du secrétariat général de l'assistance publique.

Plus heureux dans mes investigations à l'hôpital Saint-Louis, j'ai pu prendre copie de la lettre que j'adressais, le 30 avril 1866, à M. Vincent, directeur d'alors. Je livre cette copie à la publicité, parce qu'elle établit l'origine du musée :

« Monsieur le Directeur,

« J'ai fait une ouverture à M. Husson, relativement à mon « projet de musée à l'hôpital Saint-Louis.

« Il m'a répondu qu'aussitôt qu'il aurait un moment il se « rendrait à l'hôpital pour y faire choix d'un emplacement.

« Je persiste à croire que le grand amphithéâtre est le « seul local convenable. Le musée deviendrait ainsi un utile « enseignement pour les élèves du dedans et du dehors.

« Les dessins et les bosses seraient enfermés dans des « armoires grillées. Il suffirait qu'elles eussent 20 à 25 cent. « de profondeur. On pourrait, sans inconvénient, suppri- « mer la fenêtre du milieu qui donne sur le jardin.

« Veuillez étudier les localités d'ici à l'arrivée de M. Hus- « son. Agréez, etc... »

M. Husson crut devoir choisir de préférence une galerie, fort modeste d'ailleurs, qui servait autrefois de passage entre la cuisine et la pharmacie pour le service des aliments et des médicaments, et qui reliait un des grands bâtiments de l'hôpital à ces annexes.

Un poële fut établi au centre, une table dans le voisinage, et deux vitrines à double face furent confectionnées et placées au milieu de la salle. Dans la première, j'exposai méthodiquement mes dessins. La seconde resta vide. Je suspendis toutes les grandes planches de l'ouvrage de M. Hébra le long des murs.

Au-dessus de la vitrine où se trouvaient mes dessins, l'administration crut devoir faire placer une plaque portant cette inscription : « *Aquarelles offertes à l'administration, en 1866, par M. Alph. Devergie, médecin de l'hôpital Saint-Louis de 1840 à 1865.* »

Telle fut l'installation du musée.

Pendant plus d'une année, les choses restèrent dans cette situation modeste. Mais M. Husson, qui savait apprécier une idée heureuse, une idée d'avenir, demanda et obtint en 1868 du conseil général de l'assistance publique une somme annuelle de 2,000 fr. pour subvenir à la dépense des modelages que pourraient faire faire les divers médecins ou chirurgiens *de tous les hôpitaux.*

Il fit plus : il fit comprendre, dans les plans et devis de la construction d'un bâtiment destiné aux bains externes, un vaste local pour le musée, qui se composera alors d'une salle d'exposition, d'une bibliothèque et d'une salle d'études.

Ces travaux n'ont pas encore été commencés, mais tout porte à croire qu'ils seront terminés en 1878 avant l'ouverture de l'exposition.

—

Le concours généreux de l'administration devint le point de départ des progrès du musée. M. Lailler, médecin de l'hôpital, qui déjà avait fait faire à ses frais des modelages, fit hommage de sa collection. M. Hardy, avec l'assistance du Dr Montmija, fit reproduire la généralité des maladies de la peau par la photographie, et cette collection reçut sa place dans le musée.

Mais alors surgit une grande difficulté : le modeleur qui avait fait les reproductions offertes par M. Lailler avait quitté la France pour se rendre en Amérique !

On ne saurait croire toutes les démarches qui furent

faites par notre collègue pour trouver un artiste capable
de traduire la physionomie des maladies de la peau. A force
d'investigations auprès des modeleurs en cire, il finit par
découvrir un jeune homme qui, doué d'une aptitude spéciale pour la reproduction du dessin et du coloris, arriva à
surpasser tout ce qu'on avait fait en ce genre. Forme, grandeur naturelle, coloris morbide le plus parfait, en un mot,
reproduction aussi complète et aussi vraie que possible du
malade et de la maladie : tel fut, grâce à un travail des plus
assidus, le succès auquel est arrivé M. Baretta, le mouleur
du musée. Je dis mouleur, car M. Baretta ne fait pas de
modelages en cire coloriée. Il opère à l'aide d'un moule en
plâtre dans lequel il coule une matière spéciale à une tem-
pérature de 200 degrés; il fait ses dessins avec des pâtes
colorées de diverses nuances, de sorte que ses reproductions
sont indélébiles.

Inutile d'ajouter, après ces détails, tout l'intérêt que
M. Lailler a porté à l'extension du musée par les reproductions nombreuses qu'il a fait faire.

A partir de ce moment, l'essor fut donné, et tout le per-
sonnel médical et chirurgical de l'hôpital Saint-Louis :
MM. Hillairet, Lailler, Guibout, Vidal, Besnier, Fournier,
Pean, Duplay, s'empressa de faire représenter par le moulage toutes les maladies rares qui se présentaient dans leur
service.

M. Bazin avait été aussi un des premiers à exposer sur
les murs du musée une magnifique collection d'aquarelles
représentant toutes les variétés des teignes, dont l'exacti-
tude et la reproduction, faites d'ailleurs par un peintre dis-
tingué, M. Biou, sont d'une fidélité extrême.

Bientôt, en présence des moulages de M. Baretta, les
médecins et chirurgiens des autres hôpitaux qui avaient
droit à faire reproduire d'autres maladies, s'empressèrent
d'en user, et c'est ainsi que l'allocation de la somme de

2,000 francs devint insuffisante. Aussi, M. Fermer, directeur actuel de l'hôpital Saint-Louis, a-t-il prié M. de Nervaux, directeur général, de demander un accroissement de 1,000 francs à cette somme sur le budget de l'assistance publique pour l'année 1877.

Il faut donc reconnaître que si ma pensée, appuyée sur les dessins qui m'appartenaient, a été l'origine de la création d'un musée à l'hôpital Saint-Louis, elle a dû sa réalisation et son accroissement au concours que lui ont prêté tous les médecins et chirurgiens de l'hôpital Saint-Louis, et au concours matériel de l'administration. Qu'un homme autre que M. Husson n'eût pas compris tout l'avenir de mon heureuse inspiration, née du désir d'être utile aux élèves après un enseignement de 22 années, le musée n'existerait pas.

Aujourd'hui, dans l'espace si restreint et si rempli au point de ne plus y trouver place, on compte :

  147 dessins,
   46 photographies,
  413 moulages ;

Ensemble 606 reproductions des maladies de la peau, la plupart rares, en ce sens que ce sont des affections que l'on ne rencontre pas souvent dans la pratique médicale, mais dont on retrouvera le souvenir dans le musée.

Ces pièces servent tous les jours à l'enseignement dans les leçons que font les médecins de l'hôpital.

Il y a plus, tous les médecins qui de l'étranger se rendent à Paris viennent admirer ces belles collections ; les élèves du dedans et du dehors fréquentent avec empressement ce lieu d'études.

L'administration ayant autorisé M. Baretta à faire de doubles ou triples reproductions des pièces pour subvenir à l'exiguïté de la somme qui lui est allouée chaque année, les médecins étrangers achètent des pièces moulées qui forment bientôt dans leur pays des musées aux dépens du nôtre. C'est ainsi qu'en Russie, en Angleterre, au Brésil, on installe, avec le luxe et le confortable que l'on consacre aux sciences dans ces pays, des musées qui laissent bien loin derrière eux *le local honteux* qui renferme les trésors de notre hôpital modèle. Que l'on aille visiter le musée créé en Angleterre par M. Erasmus Wilson, et l'on reviendra peiné de notre pauvre établissement.

Malgré sept vastes vitrines faites successivement, malgré l'accolement des dessins au mur, il n'existe plus de place. On est obligé de mettre les nouveaux moulages dans le bas des vitrines disposé en armoires qui ne peuvent permettre de voir tous les chefs-d'œuvre qu'elles contiennent.

—

Est-ce à dire qu'il n'y a aucune amélioration à introduire dans ces collections, soit pour leur classement, soit pour les lacunes qu'elles peuvent offrir?

Au point de vue du classement, le musée laisse beaucoup à désirer. Il se ressent de la manière dont il a été formé. C'est le hasard, c'est l'accident qui a fourni les modèles, et au fur et à mesure que les reproductions ont été faites, elles ont pris les places vides, sans méthode, sans classification. C'est donc, on peut le dire, *un beau désordre*. Mais lorsque les nouveaux bâtiments seront construits, lorsqu'une vaste salle sera mise à la disposition des pièces, alors les médecins de l'hôpital Saint-Louis auront à cœur de régulariser la situation de chaque reproduction. Vaste travail, travail de patience, travail d'amour de la science et d'amour de l'enseignement : car par ce classement on fera de l'enseignement pour les médecins et les élèves.

Alors aussi se posera la plus grave de toutes les questions, dont la solution la plus naturelle me paraît cependant fort simple :

Prendra-t-on un mode d'arrangement basé sur une clas-

sification scientifique ? Quelle sera celle que l'on choisira?
Sera-ce celle de Plenck, de Willan et Bateman, d'Alibert
ou Bazin, comme aussi les classifications modifiées par moi
ou par M. Hardy?

A mon avis, ce serait une grande faute que celle d'exposer aux yeux du public médical toutes ces reproductions
d'après l'une ou l'autre des classifications connues en
France.

Aucune d'elles ne peut avoir l'assentiment général.
Toutes sont susceptibles de modifications. La science pro-
gresse tous les jours, et la science apporte des changements
dans les idées que l'on pouvait se faire sur la nature des
maladies, sur leur groupement; des dénominations nou-
velles surgissent : toutes circonstances qui doivent faire
rejeter la pensée de placer toutes ces reproductions selon
une classification scientifique quelconque.

A cet égard, il m'a semblé qu'il existe un arrangement
possible à l'abri de tout reproche de ce genre.

Quelle est la nature du musée, d'après la nature même
des pièces exposées? C'est évidemment un musée *d'ana-
tomie pathologique* des maladies de la peau.

C'est donc d'après un ordre anatomo-pathologique qu'il
faut ranger les diverses pièces du musée, c'est-à-dire
d'après les éléments de la peau qui peuvent être malades.

Que si les recherches microscopiques qui sont encore à
faire pour bon nombre d'entre elles, relativement au siége
des maladies dans les éléments du tissu cutané, viennent à
démontrer qu'il y a eu une erreur commise en attribuant
aux papilles, par exemple, ce qui a trait seulement au
corps muqueux, etc., il suffira d'opérer un changement de
place à un dessin ou à un moulage ; mais on n'aura pas à
suivre toutes les *classes, ordres, divisions* de classifications
doctrinales, qui souvent sont tellement nombreuses qu'il
est presque impossible de les retenir.

C'est donc d'après un ordre anatomo-pathologique qu'il faudra ranger toutes ces sources d'instruction, et cet ordre aura cet avantage considérable d'apprendre pour l'étude toutes les modifications que peut subir une affection vésiculeuse, pustuleuse, tuberculeuse, etc.

A cette époque, il faudra que l'administration fasse un nouveau sacrifice. Il faudra qu'un élève interne, qui aura fait pendant plusieurs années du diagnostic précis en fait de maladies de peau, soit désigné par les médecins de l'hôpital pour s'occuper de cette tâche ingrate, mais difficile, sous la surveillance d'un ou deux médecins de l'hôpital Saint-Louis. Un pareil travail ne peut être accompli sans honoraires, et, si la tâche est finalement bien remplie, il y aura lieu de nommer cet élève, devenu docteur, conservateur du musée de l'hôpital Saint-Louis.

Mais un autre avenir est réservé au musée. Par cela même que les médecins et les chirurgiens des hôpitaux ont le droit de faire faire des moulages à l'hôpital Saint-Louis, ne serait-il pas juste d'exiger que ces moulages fussent placés dans le musée? et, en effet, que peuvent-ils devenir ailleurs? Aucun médecin ou chirurgien n'a droit de conserver par devers lui un moulage dont l'administration a fait les frais; les laisser dans l'hôpital auquel le médecin ou le chirurgien est attaché, c'est faire dans chaque hôpital une collection partielle de 4, 6, 10 moulages isolés, dont la présence à cet hôpital n'a de mérite que pour le médecin ou le chirurgien qui les a fait faire. Et comment ces pièces y seront-elles conservées? L'administration fera-t-elle pour chaque hôpital des armoires spéciales dans des locaux spéciaux? mais alors ce ne sera plus un seul musée, ce sera une série de petits musées d'une importance insignifiante.

Dans mon système, le musée de l'hôpital Saint-Louis

pourrait offrir, à côté d'une spécialité, une généralisation de maladies diverses.

On dira : Mais alors que deviendra le musée Dupuytren?

Le musée Dupuytren appartient à la Faculté, qui en fait les frais. Ce musée est alimenté par les professeurs de la Faculté. Il est tout à fait indépendant des hôpitaux.

Quel inconvénient y aurait-il à ce que les hôpitaux eussent un musée spécial? Est-ce que l'administration n'a pas ses amphithéâtres de dissection pour les élèves? Est-ce qu'elle n'a pas ses cliniques médicales et chirurgicales libres à côté des cliniques officielles, ainsi que ses laboratoires d'histologie?

Comme on le voit, nous rêvons pour le musée de l'hôpital Saint-Louis un grand avenir, et, à cet égard, nous ne nous faisons pas illusion. La force même des choses conduira à ce résultat; le conseil de surveillance de l'assistance publique s'associera certainement à cette pensée qu'un de ses premiers directeurs a acceptée, et que son directeur actuel, avec sa haute intelligence des institutions qui peuvent concourir au progrès de la science, s'empressera de faire fructifier et d'élargir de plus en plus, de manière à faire pour la France médicale un établissement qui sera envié par nos voisins.

J'éprouve maintenant le regret d'avoir à signaler la tendance fâcheuse qui a dirigé tous mes collègues de l'hôpital Saint-Louis dans le choix qu'ils ont fait des maladies destinées à être reproduites par le moulage.

Seul, jusqu'à présent, je me suis attaché à reproduire les maladies le plus communément observées, celles que le praticien est à même de voir tous les jours dans l'exercice de sa profession.

Mes collègues ne m'ont pas imité. Ils ont fait reproduire les formes les plus rares, les plus exceptionnelles, si l'on en excepte les pièces qui ont trait à la syphilis et à quelques maladies.

Ils ont trop oublié que le musée devait être une salle d'études. Ils ont certainement bien fait de reproduire des maladies rares que l'on sera heureux de voir lorsque le hasard aura mis le praticien en présence d'une affection exceptionnelle ; mais ils ont oublié l'élève et même le praticien, appelé à voir journellement des affections cutanées beaucoup plus communes.

C'est donc une lacune à combler que celle de représenter les types des affections ordinaires de la peau : des exemples d'eczéma dans ses formes simples et composées, d'*impétigo*, d'herpès, de psoriasis, etc., collections essentiellement destinées à l'enseignement journalier.

Aussi je n'hésite pas à croire que mes collègues de l'hôpital transformeront en moulages ce que je n'ai pu faire reproduire qu'en dessins. La tâche n'est pas sans difficultés. Dans chaque forme morbide, quel en sera le type ? Le titre de l'espèce contentera-t-il tout le monde ? C'est là l'écueil. Est-ce cependant une raison pour ne pas chercher à surmonter cet obstacle, dans lequel une question d'amour-propre pourrait être engagée ?

A l'œuvre ! dirai-je donc à mes collègues ; mon âge et mes efforts passés m'autorisent à leur adresser cette prière. Cette lacune est déjà comprise par la plupart d'entre eux, il ne s'agit plus que d'oser.

Enfin il y a encore une dernière lacune à combler. De nombreuses formes morbides ont été reproduites ; elles sont toutes placées sans ordre et sans méthode. Les médecins de l'hôpital peuvent-ils avoir présentes à l'esprit toutes les reproductions qui ont été faites ? La réponse est évidemment négative. Dès lors, il est à craindre que les mêmes maladies ne soient reproduites 2, 4 ou 6 fois sans nécessité.

Ne serait-il pas convenable de nommer une commission

de médecins qui seraient chargés de prémunir leurs collègues contre de pareilles répétitions inutiles ? Les médecins de l'hôpital désigneraient eux-mêmes cette commission.

—

Je n'ai plus maintenant qu'à m'excuser de la longueur
de cette note, rédigée avec l'amour d'un père pour son
enfant, ainsi que des conseils que je me suis permis de
donner à mes collègues.

Je serais ingrat si je n'adressais pas aussi mes remercie-
ments à l'administration de l'assistance publique, entre les
mains de laquelle est placé tout l'avenir du musée, et qui
a déjà fait beaucoup pour lui. Le conseil général de surveillance n'hésitera pas, je l'espère, à ordonner dans le
plus court délai possible la restauration du bâtiment des
bains, où le musée doit être définitivement installé, afin
qu'il occupe une place honorable lors de l'exposition de
1878.

CLICHY. — Impr. PAUL DUPONT, rue du Bac-d'Asnières, 12.